Gustav Volkmar

Lehre der zwölf Apostel an die Völker (Urchristliches Andachtsbuch)

Gustav Volkmar

Lehre der zwölf Apostel an die Völker (Urchristliches Andachtsbuch)

ISBN/EAN: 9783743353183

Hergestellt in Europa, USA, Kanada, Australien, Japan

Cover: Foto ©Lupo / pixelio.de

Manufactured and distributed by brebook publishing software (www.brebook.com)

Gustav Volkmar

Lehre der zwölf Apostel an die Völker (Urchristliches Andachtsbuch)

Lehre der zwölf Apostel

an die Völker.

(Urchristliches Andachtsbuch.)

Deutsch herausgegeben und in Kürze erklärt

von

Gustav Volkmar,

[illegible]
[illegible]
[illegible]
[illegible]

Dritte Auflage.

Stuttgart & Zürich.
Druck und Verlag von [illegible]
1887.

Seinem lieben Bruder
Wilhelm Volkmar,

Dr. phil. Direktor und Aufseher am Königl. Schwesternhaus zu Hannover,
zu Leben

zur

Feier seines fünfzigjährigen Dienstjubiläums
am 30. April 1883

in

bewegtem Hinblick auf das unvergeßlich ferner Elternhaus
und den Jugendgarten unsres Wirkens

den

herzlichsten Glückwunsch!

Vorwort.

Im Jahr 1873 fand ein gelehrter Metropolit der griechischen Kirche, Philotheos Bryennios, in der Bibliothek des Patriarchen zu Konstantinopel, eine aus Jerusalem stammende Pergament-Handschrift, welche mit einem Bibelwerk des im Orient sehr gefeierten Chrysostomus beginnt, aber dahinter verborgen noch **vier** älteſt chriſtliche Schriften darbot, welche ſelbſt der Neuteſtamentlichen Sammlung heiliger Schriften einſt angehört haben. Von dieſen waren die drei erſten (nach „Barnabas" und nach dem römiſchen Clemens genannt) uns ſchon länger bekannt, wenn auch zum Theil nur fragmentariſch; die vierte aber unter der kurzen Ueberſchrift:

„Didaché ton dodeka Apostólon"
„Lehre der zwölf Apoſtel"

iſt uns bis dahin dergeſtalt g ä n z l i c h u n b e k a n n t geweſen. Wir kannten davon außer dem Namen nur Weniges, was von Spätern citirt wurde. Dagegen durften wir ſchließen, daß mehrere Kirchen-Ordnungen,

Itzoull des Orients, auf eine ältere Grundlage zurück, die als „Lehre der zwölf Apostel" sich geltend machte. Diese so lange vergebens gesuchte Schrift, ein ältester Seitentext zu unserem Neuen Testament, ist uns nunmehr, durch die Ausgabe des Bryennios vom Ende des Jahres 1883, aus dem Grab einer Unterdrückung von mehr als anderthalbtausend Jahren zurückgegeben worden. Als ein hochwichtiges neues Document zur urchristlichen Geschichte des zweiten Jahrhunderts, ist es sehr bald von allen Seiten begrüßt, und mit Recht ein Gegenstand allgemeinster Aufmerksamkeit geworden: aber der diesmalige neue Handschriften-Fund ist auch für die Gemeinde Gottes in Christus Jesus so hochinteressant, für unsere Kirche der Freiheit in dem einen Herrn so wichtig, daß es uns geradezu als Pflicht erscheint so weit als möglich dem christlichen Volk dem, ja dies kostbare urchristliche Volksbuch von Grund aus gewidmet war, nun auch völlig wiederzugeben, in eben so treuer als allgemein verständlicher Uebersetzung, wie mit so viel Erläuterung als zum Verständniß des Text-Zusammenhangs gehört. — Die Kapiteleintheilung des griechischen Herausgebers wird am Rand bemerkt, die Gliederung aber leichtlich nach dem eignen Inhalt bestimmt. Der Text des Büchleins wird von den zugefügten Ueberschriften der Theile wie von den Winken zum Verständniß des Zusammenhangs durch eigne Schrift abgehoben. — Zur Erklärung des wichtigen Inhaltes selbst kann der Herausgeber sein geschichtliches Werk über „Jesus Nazarenus und die erste christliche Zeit, nach den Schriftzeugen des ersten Jahrhunderts" Zürich 1882) um so mehr empfehlen, als dasselbe bis dahin mit Freude aufgenommen, und allgemein verständlich ist; und wie viel überraschende Bestätigung hat es nun durch den so bald nachgefolgten handschriftlichen Fund empfangen! Die erste deutsche gelehrte Bearbeitung desselben von Dr. A. Harnack Die Lehre der zwölf Apostel; Leipzig 1884 empfehlen wir Jedem, der die Geschichte des Buches und das Detail noch näher erforschen will, angelegentlich. Hinsichtlich der Text-Gestalt stimmen wir bis auf zwei Punkte völlig damit, hinsichtlich der Gliederung nicht überall, in sachlicher Beziehung wesentlich; selbst hinsichtlich des geschichtlichen Zusammenhangs bedurfte es nur eines recht einfachen Fortschrittes, den unser Schlußwort zu geben hofft. Weitere Erörterung bleibt für die „Theologische Zeitschrift aus der Schweiz" vorbehalten. Hier nur das zu allgemeinem Verständniß des Büchleins Nöthigste! — Indem wir zu dieser deutschen Wiedergabe und kurzen Erläuterung des griechischen Urtextes übergehn, berichten wir noch, daß die zu Jerusalem (im Jahre 1056) angefertigte Abschrift, die uns vorliegt, zwei Ueberschriften trägt: Die erste schon genannte ist die kurze Register-Inschrift des Abschreibers, wie sie sich schon vor ihm in den Schriften-Verzeichnissen seiner Kirche gestaltet hatte. Darunter aber steht die eigene

Ueberschrift des urchristlichen Lehrers, die nun hier alsbald mit dem Büchlein selbst nachfolgt.

Möge es zu einer herzlichen Erbauung, im Besondern an den geradezu wundervollen Gebeten beim heiligen Mahle, und zu ernster Erwägung für Alle dienen!

Zürich, am 18. April 1885.

Der Herausgeber.

Lehre des Herrn durch die zwölf Apostel an die Völker.

Erster Theil der Lehre:
Die christliche Sitte im ganzen Leben.

Zwei Wege giebt es: der eine des Lebens, der andere des Todes: groß aber ist der Abstand der beiden Wege.

Der Weg nun des Lebens ist dieser: Erstens liebe Gott, der dich geschaffen hat; zweitens deinen Nächsten wie dich selbst! Alles aber, wovon du willst, daß dir es nicht geschehe, das thue auch du keinem Andern.

Die Lehre aber, die in diesen Worten liegt, ist folgende.

Erstes Hauptstück.

Was besagt das erste dieser Gebote?
Wie werdet ihr **Gott** recht lieben?

1. Segnet, die euch fluchen, und betet für euere Feinde, ja nehmt Fasten auf euch für Die euch verfolgen! Denn welche Gunst, wenn ihr

die liebt, die euch lieben? Thuen nicht auch die Heiden das Gleiche? Ihr aber **liebet**, die Euch hassen, und — **einen Feind werdet ihr nicht** mehr **haben!**

II. Entschlage dich der fleischlichen und auf den Leib bezüglichen Begehrungen! Wer dir einen Schlag auf die rechte Wange giebt, dem wende auch die andere zu! Und vollkommen wirst du sein! So dich einer eine Meile zum Mitgehen zwingt, gehe mit ihm zwei; wenn dir einer den Mantel nimmt, gieb ihm auch den Rock. So einer von dir das Deine nimmt, fordere es nicht zurück; **denn du vermagst es nicht einmal!**

III. „Jedem, der von dir erbittet, gieb und verlange es nicht zurück." Denn es will der Vater, daß Allen gegeben werde von den ihm eigenen Gnadengaben. Selig, wer giebt dem Gebot gemäß, das vorher (nach Lucas 6,30) ausgesprochen ist; denn er hat dann keine Schuld, wenn seine Gabe an den Unrechten gekommen ist.

Wehe aber dem Nehmenden! Zwar, wenn er in Noth gekommen annimmt, so wird er ohne Schuld sein, wer aber ohne Noth annimmt, der hat Rechenschaft zu geben, wozu und wofür er genommen hat. Ja, in's Gefängniß gebracht, wird er erforscht werden über das, was er gethan; und nicht wird er daraus kommen, als bis er abgetragen hat den letzten Heller! Doch

giebt es über diese Sache auch den Spruch: „Es
schwitze dein Almosen in deine Hand,
bis du den kennst, dem du giebst!"

Kurz: Das erste der beiden Gesetze des Gottesreiches,
das Jesus gelehrt hat (nach Marcus 12,28—31, nach Lu
cas 10,25 f., nach Matthäus 22,37: Gott über Alles zu
lieben, wird am besten erfüllt durch volle Selbstverleug
nung, — nämlich 1) auch den Feind, ja gerade auch diesen
zu lieben, 2) auch das zugefügte Unrecht zu ertragen, und
3) sich auch des eigenen Besitzes für Andere zu entäußern,
wie es in den großen Christus-Reden nach Lucas 6,27—36
und nach Matthäus 5,38—48 (sowie sachlich auch I. Cor.
13,5—7, Röm. 12,14 f.) ausgesprochen ist. Diese christ
liche Liebespflicht ganz zu erfüllen, oder so „vollkommen zu
werden" in der selbstlosen Liebe (wie nach Matth. 5,48 von
Gott selbst gesagt war), ist ein Hochziel auf dem Lebenswege:
doch auch bei dieser vollen Hingabe an den höheren Willen
des Vaters sollst du den Verstand walten lassen. Denn 1)
wenn du des Herrn Gebot, auch die Feinde zu lieben, er
füllst, wirst du den Haß und die Feindschaft am gründlich
sten überwinden, und Feinde endlich nicht mehr haben. Wenn
du 2) beachtest, daß du so manchmal gar nicht „vermagst",
ein Unrecht abzuwehren oder dein Recht durchzusetzen, dir
Genommenes wieder an dich zu reißen: so wird dir das
für alle Fälle die verständige Richtschnur geben. Und 3)
Zwar sollst du nach Luc. 6,30 Jedem, der von dir fordert,
geben was du hast, wohl bedenkend, daß du Alles aus
Gottes eigenen Gnadengaben hast, aber wehe dem frivolen
Forderer! Und du sollst andrerseits selbst ganz ruhig warten,
bis du weißt, wem du giebst!

So wirst du die große Forderung, durch Selbstverleugnung den Schöpfer zu lieben, in verständiger Weise zu erfüllen lernen.

Zweites Hauptstück.

11 Das zweite Gebot aber der Lehre!

Wie wirst du es erfüllen, wie den Nächsten lieben? Vor Allem durch Meiden aller der schon in den zehn heiligen Geboten verurtheilten Vergehen, mögen sie auch in der unchristlichen Welt noch so ungescheut in Schwang gehen; andrerseits aber durch eine verständige Behandlung jedes Mitmenschen je nach seiner Art.

I. Nicht Mord begehe, nicht Ehebruch, nicht Knabenschändung, nicht Unzucht, nicht Diebstahl; nicht Zauberei, nicht Giftmischerei treibe; nicht tödte ein Kind durch Zerstören, noch morde das geborne. Nicht gelüste dessen, was dein Nächster hat, nicht schwöre falsch, nicht zeuge falsch; nicht übelrede, nicht sei nachträgerisch! Nicht sei zweisinnig, noch auch zweizüngig; denn eine Todesschlinge wird Doppelzüngigkeit. Nicht sei dein Wort trüglich, nicht leer, sondern erfüllt mit der That! Nicht sei habgierig, noch räuberisch, noch heuchlerisch, noch arglistig, noch hochmüthig! Nicht nimm bösen Anschlag gegen deinen Nächsten!

II. Haſſen ſollſt du keinen Menſchen, doch die Einen die Fehlenden) überweiſe, für Andere die Schwachen und Reuigen lege Fürbitte ein, und wieder Andere die Braven) liebe über deine Seele!

Drittes Hauptſtück.

Liebe jeden Nächſten auch durch Meiden aller nicht ſo offenen Verfehlungen gegen Gottes Gebote, und durch Bewahren reiner Geſinnung, im Beſondern der Milde, Selbſtbeſcheidung und Geduld.

I. Mein Kind, fliehe vor jeglichem Argen und von Allem, was ihm ähnlich iſt: alſo

1. Werde nicht zornig, denn es wegleitet der Zorn zum Morde! Auch werde kein Zelot, noch ſtreitſüchtig, noch leidenſchaftlich, denn aus dem Allem gehen Morde hervor.

2. Mein Kind, werde nicht lüſtern; denn es wegleitet die Lüſternheit zur Unzucht. Auch rede nicht ſchlüpfrig, noch ſchlage die Augen zu hoch auf; denn aus dem Allem gehen Ehebrüche hervor.

3. Mein Kind, werde kein Vogelſchauer, denn es wegleitet das zur Götzendienerei! Auch

kein Beschwörer, auch kein Schicksalsberechner*, auch kein Wunderdoktor, noch wolle dergleichen auch nur anseh'n! Denn aus dem Allem geht **Götzendienst** hervor.**)

4. Mein Kind, werde kein Lügner; denn es wegleitet die Lüge zum Diebstahl; noch werde gierig nach Geld, noch giere nach eitler Ehre; denn aus dem Allem gehen **Diebereien** hervor.***)

5. Mein Kind, werde kein Murrkopf; denn das wegleitet zur Gottes Lästerung; noch frecher Stirn oder argen Sinnes; denn aus dem Allem gehen **Lästerungen** hervor!

---

*) Wörtlich: „auch kein Mathematicus", aber in dem Sinne der römischen Kaiserzeit: ein Errechner des Schicksales eines Menschen aus den Constellationen der Planeten bei seiner Geburt: ein Astrolog oder sonstiger Schicksals-Rechen-Geheim-Künstler.

**) Wie ja Alles dergleichen aus dem Heidenthume stammt.

***) Dies führt Clemens von Alexandrien in seinem Haupt-Werke (Stromata I, 20, 100) also an: „Der Lügner wird von der Schrift (d. h. in jener Zeit „die heilige Schrift", die Bibel) ein Dieb genannt; sie sagt nämlich: „Mein Sohn, werde kein Lügner; denn es wegleitet die Lüge zum Diebstahl!" Unser Büchlein war damals noch ein Theil der Bibel Neuen Testamentes.

II. Dagegen sei sanftmüthig, denn die Sanftmüthigen werden die Erde ererben! Werde langmüthig und barmherzig und ohne Arg und ohne Hast, und gütig und erzitternd vor den Worten des Herrn allezeit, die du gehört hast.

Nicht überhebe dich selbst, noch räume deiner Seele Verwegenheit ein. Nicht soll deine Seele sich ketten an Hohe, sondern mit Gerechten und Niedern verkehre sie.

Die dir zustoßenden Widerwärtigkeiten nimm als wohlthätig an, dessen gewiß, daß ohne Gott Nichts geschieht. So wirst du am ersten vor Zorn und Rachsucht gegen dich kränkende Nächsten bewahrt sein und die schwerste, aber auch nützlichste Tugend — Geduld — lernen.

Viertes Hauptstück.

Dem christlichen Nächsten aber gebührt noch besondere Liebeserweisung.

1. Mein Kind, wer dir das Wort des Herrn verkündigt, dessen gedenke Nacht und Tag, ja ehre ihn, wie den Herrn! Denn woher die „Herrheit" verkündigt wird,*) da ist der Herr — gleichsam geistig vorhanden.

*) D. h. das Wesen des Herrn, also: Jesu Wort und Werk, sein Kreuz und Auferstehn, sein Kommen in Macht.

2. Suche täglich das Angesicht der Mitchristen auf,*) um dich an ihren Worten zu erlaben.

3. Stifte keine Spaltung, sondern Streitende bringe in Frieden. Entscheide parteilos und ohne Ansehen der Person, um bei Verfehlungen zu überweisen. Habe kein Bedenken, ob es eintreten wird oder nicht, was du als gerechte Strafe angekündigt hast.

4. Werde nicht wie Einer, der zwar zum Nehmen die Hand aufthut, zum Geben aber sie zusammenzieht. Wenn du Besitz hast mittels deiner Hände (und deren Fleiß), so gieb zum Opfer für deine Sünden!**) Schiebe nicht auf zu geben, und nach dem Geben murre nicht; denn wissen wirst du, wer der gute Lohn-Vergelter ist. Nicht entziehe dich dem Bedürftigen; laß vielmehr deinen Bruder an Allem Theil nehmen, und sage nicht, es sei Eigenthum; denn wenn ihr (als Christen mit den Brüdern) Theil habt an dem Unvergänglichen, um wie viel mehr an dem Vergänglichen.

5. Ziehe deine Hand nicht von deinem Sohn oder deiner Tochter ab, sondern von Jugend an lehre sie die Furcht des Herrn.

---

*) Wörtlich „der Heiligen": aber so heißen in der urchristlichen Zeit alle Christen, als die Gott Getreuen.

**) Denn die Gabe der Barmherzigkeit an Nothleidende, das Almosen, galt vom Alten Testament her als eine Art Sühn-Opfer; unter den Christen freilich erst seit dem 2. Jahrhundert.

6. Nicht sei herrisch gegen deinen Knecht oder die Magd, die auf denselben Gott ihre Hoffnung setzen, in Bitterkeit, sie möchten sonst nicht den Gott fürchten, der über beiden steht! Denn nicht kommt er, nach Ansehen der Person Einen in seine Gemeinde und zu seinem Reich zu berufen, sondern zu denen kommt er, welche der Geist zugerüstet hat! Umgekehrt unterwerft euch, ihr Knechte, euerm Herrn, als einem Abbild Gottes, in Scheu und Ehrfurcht.

Fünftes Hauptstück.

Kurz, sei völlig entschieden für den christlichen Lebensweg, und halte immer strenge ihn ein, ohne irgend eine Verfehlung zu beschönigen, gegenüber dem grauenvollen Todesweg der „Heuchler" und des „Dienstes todter Götter".

I. Hasse alle Heuchelei und Alles, was dem Herrn nicht wohlgefällt. Laß nicht die Gebote des Herrn zur Seite, sondern bewahre, was du empfangen hast, ohne etwas zuzuthun oder abzuthun. In der Gemeinde bekenne deine Verfehlungen und zu deinem Gebet gehe nicht mit bösem Gewissen! Dies ist der Weg des Lebens.

II. Der Todesweg dagegen ist folgender:
Vor Allem ist er voll Bosheit und Fluches! Morde, Ehebrüche, Lüsternheiten, Unzüchtigkeiten,

Diebereien, Götzendienereien, Zaubereien, Giftmischereien, Räubereien, Falschzeugnisse, Heuchelcien! Doppelherzigkeit, List, Uebermuth, Schlechtigkeit, Verwegenheit, Gewinnsucht, Schlechtreden, Neid, Dreistigkeit, Hochmuth, Prahlerei!

Gute verfolgen, Wahrheit hassen, Lüge lieben! Nicht der Gerechtigkeit Lohn erkennen, nicht dem Guten und gerechtem Gericht anhängen, nicht für das Gute Wache halten, sondern für das Arge!

Fern von ihnen ist Milde und Geduld, indem sie Eitles lieben, Lohn suchen, gegen die Armen ohne Erbarmen, unbekümmert sind um den Bekümmerten, nicht ihres Schöpfers gedenken!

Kindermörder, Zerstörer von Gottes-Gebild, den Bedürftigen zurückstoßend, den Gepreßten bedrängend, der Reichen Advocaten, der Bedürftigen Falsch-Richter, — in jede Sünde versunken!

Laßt euch retten, ihr Kinder, von allem Diesem!

Zweiter Theil der Lehre:

Die kirchliche Sitte im Dienste des Herrn
gegen übertreibende Neuerungen an Geboten und Gebeten.

Hüte dich, daß Keiner dich von diesem Wege der Lehre abwendig mache, sonst ist seine Lehre außer Gottes Bereich. Denn Uebertreibungen können vom Lebensweg eher ablenken als fördern.

Sechstes Hauptstück.
Die kirchlichen Uebungen für jeden Einzelnen in der Gemeinde.

I. [Hinsichtlich] der Fleischenthaltung soll in Betreff der Ehe dir Niemand allzuviel auferlegen.*) Denn, wenn du freilich das ganze Joch des Herrn (den vollen Verzicht auf eheliches Leben) zu tragen vermagst, wirst du vollkommen sein: doch wenn du es nicht

---

*) Hier ist in dem sonst sehr korrekten Manuscript, zwar nicht äußerlich, doch sachlich, eine offene, wenn auch kleine Lücke, die sich etwa so, wie oben angegeben, ergänzen läßt, vielleicht nur so.

vermagst, so übe (an Enthaltung) soviel du vermagst. In Betreff der Speise aber nimm auf dich (an Entsagung von Fleisch), was du vermagst; nur von dem Götzen Geopfertem (Fleisch), von der Theilnahme an heidnischen Mahlen) halte dich entschieden fern; denn darin liegt ein Dienst todter Götter.

VII II. In Betreff aber der Taufe, haltet sie ohne lange Litaneien einfach also: Nachdem ihr alles Obige (diese fünf Hauptstücke christlicher Verpflichtung im ganzen Leben) zuvor vorgetragen (und das Gelübde darauf von den um die Aufnahme in die Gottesgemeinde des Herrn Bittenden empfangen) habet, so taufet sie

„auf den Namen des Vaters und des Sohnes und des heiligen Geistes"

in fließendem Wasser. Hast du aber kein fließendes, so taufe sie in anderem. Vermagst du es aber nicht in kaltem, dann sollst du auch das nicht rigoristisch als ein Hinderniß ansehen, sondern taufe dann in warmem Wasser. Hast du aber beides nicht (genug zum Untertauchen), so schütte auf sein Haupt dreimal Wasser „auf Vaters, Sohnes und heiligen Geistes Namen". Vor der Taufe aber soll der Taufende sowohl als der Täufling Fasten halten, und wenn einer oder der andere (von den Gemeindegliedern als Zeuge) es vermag. Dem zu Taufenden aber gebiete es zu fasten, einen Tag oder zwei zuvor.

VIII III. Euere Fastentage aber sollt ihr nicht mit „den Heuchlern" (den rabbinischen Juden) halten;

denn sie fasten am zweiten der Woche (am Montag) und am fünften (am Donnerstag) ohne allen innern Grund. Ihr aber sollt den vierten und den Rüsttag (trauernd, und darum fastend begehen. Denn der Mittwochen wurde für Jesus der Eingang zu seinem Todes Leiden, und der Kreuzestag war in jener Passahwoche der Freitag, der Rüsttag auf die Ruhe des Sabbathes.

IV. Auch Gebethalten sollt ihr nicht mit „den Heuchlern", die so viele Worte machen, sondern wie der Herr in seinem Evangelium (nach) Matthäus Cap. 6) geboten hat, also betet:

„Vater unser, in dem Himmel,
Geheiliget werde dein Name!
Es komme dein Königreich,
Es geschehe dein Wille, wie im Himmel,
   auch auf der Erde,
Unser Brod, das genügende, gieb uns heute,
Und vergieb uns unsere Schuld, wie auch
   wir vergeben unsern Schuldnern,
Und führe uns nicht in Versuchung,
Sondern erlöse uns von dem Bösen!
Denn dein ist die Macht und die Herrlich=
   keit in die Ewigkeit!"*)

---

*) Der Zusatz „und dein Reich" in diesem Schluß der Lobpreisung fehlte damals noch: in den ältern Matthäus= Handschriften fehlt freilich der ganze Schluß, der erst aus der Kirche in die Evangelientexte übergegangen ist.

Dreimal des Tages betet also! Gemeint ist: in der 3., der 6. und der 9. Stunde des Tages, in deren Kreis schon der älteste christliche Erzähler (nach) Marcus Cap. 15) die Kreuzigung Jesu gestellt hat.

Siebentes Hauptstück.
Die Feier des heiligen Gemeinde-Mahles.

IX Was aber die „Eucharistie" (die Danksagung bei dem heiligen Brudermahl) betrifft, so danksaget also:

Erstens über den Becher:

„Wir danksagen dir, Vater unser, über den heiligen Weinstock Davids, deines Knechtes, den du uns kundgethan hast durch Jesus, deinen Knecht. Dir sei die Herrlichkeit in die Ewigkeit!"

Zweitens. Über das gebrochene Brod aber also:

„Wir danksagen dir, Vater unser, für das Leben und die Erkenntniß, die du uns kund gethan hast durch Jesus, deinen Knecht! Dir die Herrlichkeit in die Ewigkeit!

Wie dies gebrochene Brod zerstreut war über den Bergen und zusammen gebracht ein einiges geworden ist: so werde deine Kirche von den Enden der

Erde in dein Königreich zusammen gebracht. Denn du hast die Macht und die Herrlichkeit, durch Jesus Christus, in die Ewigkeit!"

Drittens. Niemand aber esse oder trinke von euerer „Danksagung", außer wer getauft ist auf den Namen des Herrn. Denn darüber hat der Herr nach Matthäus Cap. 7 gesagt: „Gebet nicht das Heilige den Hunden" d. h. frechen und schamlosen Verwerfern des dir Heiligen).

Viertens. Nachdem ihr aber euch (in dem Liebesmahle der Gemeinde) ersättigt habet, danksaget also:

„Wir danksagen dir, heiliger Vater, für deinen heiligen Namen, dem du Wohnung gegeben hast in unserem Herzen, und für die Erkenntniß und den Glauben und die Unsterblichkeit, die du uns kund gethan hast durch Jesus, deinen Knecht. Dir sei die Herrlichkeit in die Ewigkeit! Das zum Dank!)

Du, Herrscher, Allmächtiger, hast das All gegründet um deines Namens willen: Speise und Trank hast du den Menschen gegeben zum Genießen, daß sie dir Dank sagen; uns aber hast du in Gnaden verliehen geistige Speise und Trank und ewiges Leben — durch deinen Knecht! Vor Allem danksagen wir dir, weil mächtig bist **Du**! Dein die Herrlichkeit in die Ewigkeit! (Das zum Lobpreis.)

Gedenke, o Herr, deiner Kirche, sie zu retten von allem Argen und sie zu vollenden in deiner Liebe, und bringe sie zusammen von den vier Winden, die geheiligt ist für dein Königreich, das du ihr bereitet hast. Denn dein ist die Macht und die Herrlichkeit in die Ewigkeit! (Das zur Bitte.)

Schluß.

Es komme die Gnade und hingehe diese Welt! Osanna dem Gotte Davids! Ist einer heilig, so trete er hinzu; ist einer es nicht, so bereue er!

„Marán Athá" (Der Herr kommt)!

Amen! (So werde es!)

Fünftens. Den „Propheten" aber (d. h. den Ver= kündigern oder Prädikatoren, den Predigern des Gottes= wortes zur Erbauung) gestattet, Dank zu sagen (bei dem heiligen Mahle) mit so viel Worten sie wollen. Wenn dagegen ein Anderer von der Gemeinde das Gebet zum Abendmahl spricht, so soll er dieses nicht mit endlosen Litaneien und ewigen Wiederholungen ermüden, sondern nicht länger und nicht anders reden, als das alte, vorher gesagte, (wundervoll) einfache Herkommen ist.

Dritter Theil der Lehre:

Die rechte Kirchen-Verfassung

zur Erhaltung der guten Ordnung, des Friedens und der Reinheit in der Gemeinde Gottes.

Achtes Hauptstück.

Das Recht und die Pflicht jeder Kirchengemeinde gegen ankommende Geistliche und andere Pilger.

I. Jeder, der zu euch kommt und lehrt das Alles, was oben (in den sieben Hauptstücken) gesagt ist: den nehmet auf. Bringt er aber verkehrend eine andere Lehre, zum Auflösen, den höret nicht. Dient er dagegen zur Mehrung der Gerechtigkeit und Erkenntniß des Herrn, worüber die Gesammtgemeinde zu entscheiden hat: so nehmt ihn auf wie den Herrn.

II. Was nun die „Apostel" (die Sendboten zur Verbreitung des Evangeliums unter Ungläubigen an euerm Wohnsitz) und die „Propheten" (die Prediger des Evangeliums zur Erbauung der Gemeinde, die bei euch ankommen) anbetrifft, so handelt nach der Verordnung des Herrn, wie folgt.

1. Jeder „Apostel" also, der zu euch kommt, mag angenommen werden wie der Herr; nur soll er blos Einen Tag lang bleiben, im Nothfall auch einen andern; so er aber drei bliebe, so ist er ein „Pseudoprophet", (ein Falschlehrer nach dem Ausdruck der Evangelien). Geht aber der „Apostel" weg, so soll er Nichts mitnehmen außer Brod bis zum nächsten Uebernachten; fordert er dagegen Geld, so ist er ein „Pseudoprophet".

2. Und keinen der „Propheten", die „im Geiste", von h. Begeisterung ergriffen, verkündigen, sollt ihr (vorher) ausforschen oder ihn (während des Vortrags) bekritteln. Denn jede Sünde wird vergeben werden; diese Sünde aber (den heiligen Geist zu lästern) wird nicht vergeben werden. Doch nicht Jeder, der „im Geiste" verkündigt, ist ein „Prophet", sondern nur wenn er des Herrn Betragen hat. An dem Betragen also werdet ihr den „Falschpropheten" und den „Propheten" erkennen.

3. Und kein „Prophet", der „im Geist" eine Mahlzeit zu irgend einem angeblich kirchlichen Zweck anbefiehlt, soll selbst davon essen: sonst ist er ein Pseudoprophet.

4. Ferner ist jeder „Prophet", der die Wahrheit lehrt, wenn er nicht thut, was er lehrt, ein Pseudoprophet.

5. Jeder „Prophet" aber, der sich als ein wahrhaftiger bewährt hat, wenn er nach dem weltlichen Sinnbild* der Gemeinde handelt,** ohne die Uebung von dem, was er übt, Andern zur Pflicht zu machen: der soll nicht vor euch beurtheilt werden; denn bei Gott hat er sein Urtheil. Gleicherweise haben auch die Propheten der christlichen Urzeit gehandelt.***)

---

*) Wörtlich: nach dem weltlichen „Geheimniß". Aber „Mysterion" heißt auch Eph. Joh. 17, 5 einfach „Sinnbild", „verhüllendes Abbild".

** D. h. wahrscheinlich: wenn er nach dem Vorbild derjenigen Ehe, wie sie der Herr mit seiner Kirche geschlossen hat, handelt, indem er jeden fleischlichen Verkehr mit seiner Ehefrau meidet.

***) Es war also vorgekommen, daß sonst wohlbewährte Geistliche, welche bei einer Gemeinde erschienen, um deren Verkündiger zu werden, vor lauter Ueberschwänglichkeit meinten, derart dem Herrn allein anhangen zu sollen, daß sie ihre Ehefrau entließen oder doch nicht mit ihr lebten. Das erregte Anstoß und man wollte sie deßhalb nicht zulassen. Auch unser Verfasser findet solches Thun nicht ganz recht; aber er will sonst braven Männern wenigstens die Freiheit zu solch ascetischem Bestreben vorbehalten, mit Rücksicht auf jene schwülstige Vergleichung und auf das Beispiel früherer christlichen Asceten, die, wie Paulus, auf jede Ehe verzichteten. Aber die Heiligung der Ehe ist ja geradezu eine

6. Wer aber „im Geiste" zu Einem von euch sagte: „Gieb mir Geld" oder Anderes derart: so höret nicht auf ihn. Sollte er aber für Andere, die in Noth sind, zu geben heißen: so soll ihn Niemand richten.

XII   III. Jeder aber, der im Namen des Herrn kommt, soll Aufnahme finden; dann jedoch prüfet und erkennet ihn — ihr werdet ja die Einsicht haben — nach rechts und nach links. Ist der Ankommende ein Wandersmann, so helft ihm so viel ihr könnt; nur soll er nicht länger als zwei bis drei Tage verbleiben, wenn Noth vorhanden. Will er sich aber bei euch als Handwerker niederlassen, so mag er a r b e i t e n und so sein Brot haben! Hat er aber kein Handwerk, so sorget nach euerer Einsicht, wie es anzustellen sei, daß nicht arbeitslos ein Christ bei euch lebe! Will er aber nicht so handeln, so ist er ein „Christus Krämer"*). Hütet euch vor dergleichen!

Stiftung des Herrn selbst (Marc. 10,2—12) und alle ältern Apostel sind ja verheirathet gewesen (I. Cor. 9,5)! Vergl. dazu die Geschichte „Jesu Nazarenus und der ersten christlichen Zeit" S. 75 f.

*) Christ-emporos, der mit dem Lobpreis des heiligen Namens hausiren ginge.

Neuntes Hauptstück.

Die Kirchenordnung in jeder Gemeinde, zu würdigem Unterhalt der geistlichen Diener der Kirchengemeinde wie zur vollen Wahrung der Reinheit und des Friedens in ihr.

I. Jeder wahrhaftige „Prophet" oder Prediger des Evangeliums zur Erbauung), der sich bei euch niederlassen will, ist seines Unterhaltes werth; ebenso ist ein wahrhaftiger „Didáscalos" (Lehrer der Kirchgemeinde) ganz wie der Arbeiter überhaupt seines Unterhaltes würdig. Jedesmal nun den Erstling von den Erzeugnissen der Kelter und der Tenne, des Groß= und Kleinviehes sollst du nehmen und den betreffenden Erstling den „Propheten" geben; denn sie sind die Hohepriester bei euch. (Als Verkündiger des Gotteswortes stehen sie an der Stelle der geistlichen Häupter im Alten Bund, denen ja der Zehnte zum Unterhalt zu geben war). Im Fall ihr aber keinen „Propheten" hättet, gebet es den Armen (und wenigstens so als ein Gott selbst gebührendes Opfer).

(Richtest du einen Teig an, so nimm den Anbruch und gieb ihn nach dem Gebot (der Arbeiter ist seines Lohnes werth). Ebenso öffne deinen Krug von Wein oder Oel und gieb den Anbruch den „Propheten". Aber auch von Kleidung, Geld und jedem Besitz nimm das Erste, soweit es dir gut scheint, und gieb es nach dem Gebot.)*)

XIV II. An dem „**Herrentage**" (dem Sonntag, als dem Auferstehungstage) des Herrn kommet zusammen und brechet das Brod und bringet die Danksagung, (an jedem haltet das h. Mahl, und zwar) nach Ausbekennen euerer Sünden, damit rein sei euer Opfer! Jeder aber, der ein Zerwürfniß mit seinem Gefährten hat: — sie sollen nicht mit euch zusammenkommen, bis sie sich versöhnt haben, damit nicht entweiht werde euer Opfer. Denn so lautet der Spruch vom Herrn (im Buche Maleachi Cap. 1):

„An jedem Ort und zu jeder Zeit bringet mir dar ein reines Opfer; denn

---

*) Die vom Herausgeber in Parenthese gesetzte Verordnung verdankt wahrscheinlich einer spätern „Propheten"-Hand ihren Ursprung. Mit dem Vorausgehenden ist für den würdigen Unterhalt des Geistlichen ausgiebig gesorgt; auch ist diese (ganz sachgemäße) Anordnung durch die Motivirung aus dem alttestamentlichen Vorgang und durch die ausdrückliche Erinnerung an den besondern Fall geradezu abgeschlossen. Oder sollte die weitere Anordnung vielmehr den „Lehrer" der Kirchgemeinde betreffen? Dann wäre nur das Wort „den Propheten" zu korrigiren. Etwas scheint hier sachlich nicht in Ordnung, oder durch eine spätere Hand alterirt.

ein großer König bin Ich), spricht der Herr, und mein Name ist wunderbar unter den Völkern!"

III. Mit Handmehr wählet euch „Episcope" Kirchgemeinde Pfleger und „Diakone" (Kirchgemeinde Diener für Arme und Kranke), die des Herrn würdig sind, mild und ohne Geldsucht, wahrhaft und erprobt. Und ihr sollt sie gegen euere Geistlichen nicht zu gering achten. Denn auch sie verrichten (manchmal) den gottesdienstlichen Dienst der „Propheten" (der Prediger) und der „Didaskälen" (der Kirchgemeinde-Lehrer) bei deren Verhinderung. Also schätzet sie nicht gering! Sie gehören ja zu den Geehrten bei euch sammt den „Predigern" und den „Lehrern", die freilich im Ansehen bei euch mit Recht am höchsten stehen.*)

IV. Ueberweiset aber euch untereinander, nicht im Zorn, sondern in Frieden, wie ihr es in dem Evangelium (nach Matthäus Cap. 18) findet. Und in Betreff eines Jeden, der sich gegen den Nebenmann verfehlt, — Keiner soll mit ihm reden, noch soll einer von euch ihn anhören, bis er bereuet hat: wahrscheinlich gemäß dem schiedsrichterlichen Befund der ganzen Gemeinde, die keinen persönlichen Hader in der Friedens Gemeinde Gottes ertragen mag. — Dies die kurze Bußordnung, im Anschluß an die nach Matthäus 18,25 f.

*) Welch' einen Contrast bildet diese Apostel-Lehre gegen die Episcopal-Monarchie der spätern Zeit!

Schluß der Lehre.

Euere Gebete aber und die Almosen und alle Handlungen verrichtet so, wie ihr es in dem Evangelium unseres Herrn vorfindet: nämlich „nicht wie die Heuchler", wie es nach Matthäus Cap. 6 heißt.

Zehntes Hauptstück.

Schlußmahnung zur Wachsamkeit in der damals eingetretenen furchtbaren Prüfungszeit, als ein Falsch-Messias in der berückendsten Weise aufgetreten war. Da galt es selbst mit Aufopferung des Lebens dem zu Gott erhobenen Herrn als dem allein wahren König des Gottesreiches unverbrüchlich getreu zu bleiben, der den Sieg haben und behalten wird über alle Welt!

XVI Wachet über euer Leben! Euere Leuchter mögen nicht erlöschen, euere Lenden nicht erlahmen, sondern seid bereit! Denn ihr wisset nicht die Stunde, in der unser Herr kommt!

Häufig aber versammelt euch, um nach dem zu fragen, was euern Seelen zuträglich ist. Denn nichts wird euch helfen die ganze Dauer eueres Glaubens, wenn ihr in der letzten Stunde nicht vollendet seid in der Treue gegen den Einen Herrn!

Denn in den letzten Tagen werden sich mehren die Falschpropheten und die Verführer, und es werden sich die Schafe in Wölfe verkehren, und die Liebe wird in Haß sich verkehren. Denn wenn die Gesetzlosigkeit sich mehrt, dann werden sie einander hassen und verfolgen und in den Tod überliefern. Und dann wird der **Weltbetrüger** erscheinen, und zwar **wie ein Sohn Gottes** — als der Messias Gottes selbst —, und Zeichen und Wunder wird er vollbringen — ungeheure Machtthaten als angeblicher Messias ausrichten — und die Erde wird in seine Hände überliefert werden — als Mächtigster auf Erden wird er auf dem Gipfel seiner Erfolge erscheinen. Und so **Frevelhaftes** wird er thuen, wie es in der Welt niemals geschehen ist: indem er unsern Herrn zu verfluchen gebietet.

Dann wird die Menschenwelt in die Feuer=Probe kommen der Prüfung, ob sie zu dem falschen oder zu dem wahren Herrn und Erretter halte, und Viele werden Aergerniß nehmen (an den Gewaltigen sich schließen) und zu **Grunde gehen**! Die aber ausharren in ihrem Glauben (an den Gekreuzigten), die werden gerettet werden durch — „**den Fluch**" **selbst**! Durch Den, der am Kreuz ein Fluch geworden und den zu verfluchen der furchtbare Weltbetrüger frevelhaftest geboten hat.

Und dann werden die **Zeichen der Wahrheit** (der wahren Messianität) erscheinen:

Erstens das Zeichen der Eröffnung des Himmels, zu dem der Gekreuzigte eingegangen ist, um zur Rechten der Majestät zu sein, wie es seine Apostel einst geschaut haben, und mit den Himmelskräften des Geistes von Gott zum Vollsieg zu kommen;

Zweitens das Zeichen des Posaunenklanges, wie wir sagen würden: des Glockenschalles zur Eröffnung der großen Gottesgemeinde, um sie zu seinem Königreich zu erhöhen;

Und drittens: die Auferstehung der Todten, doch nicht Aller, sondern der Getreuen gemäß dem, wie es gesagt ist (bei Sacharja 14,5)

„Kommen wird der Herr und mit ihm seine Heiligen!"

Dann wird schauen die Welt den Herrn kommen auf den Wolken! D. h. nach dem Bild bei Daniel 7,13: Erfahren werden Alle den Sieg und die Herrschaft unseres Herrn und einigen Heilandes über alle Erdenwelt!

Ende des Lehr-Büchleins.

Schlußwort:
Der geschichtliche Zusammenhang.

Der altkirchliche Lehrer, der durch dies volksthümliche Lehrwort nach so langer Unterdrückung wieder zu christlichen Gemeinden redet, war bemüht, ganz im Sinne Jesu, des Knechtes Gottes selbst, nach der Ueberlieferung seiner ältesten Apostel, möglichst alle christlichen Völker in den rechten Stand der Ordnung, der Reinheit und des Friedens zu bringen und sie darin sowohl gegenüber Verlockung zu jüdischer Frömmigkeit, die doch nur heuchlerisch sei, als gegen schädigende Uebergriffe und Uebertreibungen späterer Christus-Eiferer, zu bewahren. Es sollte die große, um das zum Himmel erhöhete Haupt von allen Enden der Erde sich sammelnde Gottesgemeinde, auch in einer letzten Nothzeit festen Stand halten, um bei seinem nun Bald-Nahen in Macht, zum Königreich der Herrschaft so erhoben zu werden, wie es das Herzensgebet seiner Gemeinde bei der Feier des heiligen Mahles sonntäglich erfleht und gehofft hat.

Wann nun ist dies angestrebt und gelehrt, gehofft und geschrieben worden? Den deutlichsten Wink giebt der Christ, der im Namen der ersten Apostelzeit schrieb und so sich verhüllen mußte, durch sein Zukunft offenbarendes „apokalyptisches" Schlußwort. Den kürzesten Kommentar aber hierzu bietet uns einer seiner namhaftesten Zeitgenossen, der aus der Mitte Palästinas, aus Sichem gebürtige christliche Philosoph und Märtyrer Justinus. Dieser richtete im Jahre 147 unserer Zeitrechnung nach Christi Geburt eine Vertheidigung des Christenthums an das Kaiserpaar Antoninus Pius und dessen Adoptivsohn und Mitkaiser Marcus Aurelius. Darin sagt er zu ihnen (Apologia I., Cap. 31) Folgendes: „**In dem jetzt** (unter euerm Vorgänger und Adoptiv-Vater Adrianus) **erfolgten jüdischen Kriege** (der von 132 bis 135 u. Z. dauerte) **hat Bar-Cochebas** (d. h. wörtlich der Sternen-Sohn und faktisch der Himmels- oder Gottes-Sohn, der Messias), **der Führer in dem Aufstand der Juden** (der erst 135 u. Z. völlig überwunden wurde), **die Christianer** (und zwar sie) **allein, zu den furchtbarsten Strafen abführen** (beziehungsweise enthaupten oder kreuzigen) **lassen, wenn sie nicht Jesum als den Christus verleugneten, und ihn** (dabei) **lästerten** (blasphemirten)!

Da steht der große „Weltbetrüger" vor uns, der „als ein Sohn Gottes", als Messias auftrat, aber als der Messias „der Heuchler"! Da ist der furchtbare Feind der Christen, der die „Verfluchung" des Gekreuzigten begehrte, indem er selbst in seines Schwertes Macht der wahre König des Gottesreiches, der Erbe Davids zu werden suchte. Da ist das „unerhört Greuliche", was er verübte, indem er die enthaupten und kreuzigen ließ, die ihren Heiland zu verfluchen verweigerten. Da ist die Feuerprobe der Versuchung für die damalige Menschen Welt im Bereiche Palästina's und weiterhin. Denn ungeheuer war die Macht, die „der Betrüger" gewonnen hatte, so, daß die Erde davor erzitterte und des Kaiserreiches Herrschaft mindestens über den ganzen Orient bedroht schien. — „Die Zeichen und Wunder" aber, von denen unser Christ in der Sprache seiner apokalyptischen Vorgänger redet? Sie sind in der That geschehen! Denn ein Mann geringster Herkunft, aus dem Dorfe Cosiba (daher eigentlich Bar Cosiba genannt) ist es gewesen, der 132 u. 3. mit dem kühnsten Muth des Hasses gegen die Götzenmacht Roms, Aufruhr gegen Adrian erhob, als dieser den Tempel Jerusalems, den er seit 119 u. 3. zuerst mit den Juden gemeinsam, dann allein aufzurichten begonnen hatte, schließlich nicht dem Nationalgotte Israels, sondern dem Jupiter Capitolinus, dem Himmelsgötzen Roms und der Cäsaren dedicirte. Der hiergegen zum Schwert greifende Eiferer aus dem Volk hat nun mit seinem anfangs so kleinen Häuflein, gleich einem neuen Judas Maccabäus und ihn noch übertreffend, die erstaunlichsten Großthaten vollbracht. Er war so siegreich über Adrian's Heere, daß die zelotischen Juden aus der ganzen Welt zu ihm strömten und er die völlige Herrschaft über das ganze Palästina errang. Wie aber z. B. Paulus die wunderbaren Massen-Erfolge, welche er in Corinth durch seine Frohbotschaft errungen hat (I. Cor. 9,2—3; Apg. 18,10) selbst als „Wunder und Machtthaten" erklärt, als Zeichen seiner göttlichen Berufung (II. Cor. 12,12): so sind andererseits die wunderbaren Erfolge Bar Cosiba's auch einem Rabbuni Akiba als die großen Zeichen der göttlichen Berufung erschienen, so daß er ihn als den Bar-Cocheba, den „Sternen-Sohn", als den von Gott erkorenen Messias seines Volkes erklärte.

Mit „Wundern" hat ja Gott im Auge seines Volkes diesem allezeit beigestanden in aller Gefahr, nach der Sprache seiner Psalmen (Pf. 106, 24. 31; 136,4). An sich also war Bar Cosiba's Auftreten in der That wunderbar genug.

Hierbei aber haben wir nun einen tiefern Blick in die Glaubens-Anschauung des Verfassers zu werfen, als seine sonst so außerordentlich streng praktische Christlichkeit uns verstattet. Denn sein apokalyptisches Schlußwort steht im engsten Zusammenhang mit seiner ganzen Schrift. Seine Mahnung zum treuen Aushalten in der tödtlichen Verfolgung der letzten Zeiten, sein Trost und seine Hoffnung dabei gehören zum Wesen seiner „Lehre" und seines Glaubens überhaupt, das er sonst nur durch die Gebete seiner Kirche uns kund giebt.

Der „Weltbetrüger" im Besondern, der jene Verfolgung herbeiführt, ist nicht blos ein Schmähwort gegen den geschichtlichen Mann, der „wie ein Sohn Gottes" (als ein Messias bei ihm erscheint, sondern er ist ihm der Finsterniß Geist des Sinnenbegehrens überhaupt, welcher die außerchristliche Welt beherrscht und diese von dem Herrn des Gottesreiches ablenkt, der Gottes Feind oder S a t a n ä, gleichwie die ganze urchristliche Zeit es vorstellte. Paulus nennt ihn auch „den Gott dieser Welt", die Offenbarung Johannes den „Drachen", „der die ganze Welt betrügt," nämlich sie zu dem Götzendienst, zur Abgötterei verleitend (Offenbarung 12,9), der Barnabas-Brief aber den „Schwarzen" (Melas), als den Finsterniß-Geist, der auch den J u d e n beherrsche, irre führe und ablenke von dem Heiland des Lichtes. So sieht unser Verfasser in dem Falsch-Messias, der die Christen zwingen will, „Fluch" zu rufen über den wahren König des Gottesreiches, den T e u f e l s e l b s t e r s c h e i n e n. Die großen Machtthaten aber, die der Sternen= oder angebliche Gottes=Sohn vollbracht habe, sind allerdings für den Verf. wirkliche „Wunder", Zeichen einer höhern Macht; aber diese ist für ihn der F e i n d Gottes, und sie nur die Mittel zur Betrügung der Welt. Der Verf. steht dabei allernächst der Offenbarung Johannes, wenn er auch den Ausdruck fast durchaus nach dem (ihm unter den ältern Evangelien entsprechendsten) Matthäus=Buch zu gestalten pflegt. Auch die Offenbarung Johannes bezweifelte ja nicht, daß der vom Drachen begeistete „Pseudoprophet" wirklich die großen Zeichen und Wunder gethan hat, die darauf zu zielen schienen, „daß er Feuer vom Himmel fallen lasse", so daß er einem Elias gleich sei im Stürzen der Götzenaltäre; aber diese Zeichen seien doch nur dazu ihm vom Gottesfeind gegeben, um die Welt vom Weg und Gesetz Israels abzubringen und Israel zum Verheidnen zu führen (Off. Cap. 13,11—14).*)

Selbst darin ist Johannes unserem Verfasser schon vorangegangen, daß er die Christum verwerfenden Juden als „Synagoge des Satans erklärt" (Off. 2,9, 3,9), statt eine Gemeinde Gottes zu sein. Aber das sind sie für Johannes deshalb geworden, weil sie die diabolischen Ankläger gegen Jesus wie gegen seine Nachfolger, auch in der Neronischen Verfolgung gewesen sind. Johannes' heiliger Zorn war gegenüber der greuelhaften Verfolgung der Christianer durch den Götzenthron Nero's vorzugsweis gegen das heidnische Greuelthum gerichtet. Der neuentdeckte Christ hat gegenüber der entsetzlichen Verfolgung durch den jüdischen Gewalthaber seinen heiligen Zorn wesentlich gegen Juden gerichtet. Wenn er schon bei der Abhandlung über die wahre Religions-Uebung die Juden, die nicht mit seinem Jesus beten, und nicht mit dem Christen an den beiden Leidenstagen der Woche trauernd fasten, „Heuchler" schilt, so folgt er darin allerdings wieder dem Ausdruck

---

*) Das Nähere darüber kann Jeder in des Herausgebers geschichtlichem „Commentar zur Offenbarung Johannes" (Zürich, bei Orell Füßli, 1862) finden.

des Matthäusbuches (Cap. 6), aber sein Sinn geht da bei weit über dieses wie über die Offenbarung hin aus, selbst über „Barnabas" hin, für den die Jesum verleugnenden Juden nur von der Finsterniß „verblendet" sind: hier aber wird ihre Religion überhaupt als eine Heuchler-Religion erklärt. Das ist erst von dem furchtbaren Grimm eingegeben, der sich in dem entsetzlichen Schluß-Wort Luft macht, das der Heuchler-Messias gegen den Gekreuzigten ausgesprochen verlangte: „der Fluch", „der Verfluchte"! Des Christen Antwort ist: Dieser Heuchler ist der Verfluchte, den Gottes Gericht treffen wird. Ganz in diesem Sinne hat er denn gleich zu Anfang seine Lehre gebracht von den „zwei Wegen, des Lebens und des Todes", oder wie Barnabas gesagt hatte „des Lichts und der Finsterniß". Der Todesweg des Hasses, der auch zum Blutvergießen und Morden führt, ist es, auf dem das von einem Barkocheba geleitete Judenthum ebenso in's Verderben geht, als der „Dienst todter Götter" dazu treibt. Zwar habe der Jude täglich sein Schema-Gebet (5. Mos. 6,5) „Liebe Gott" aufgesagt, aber in seinem Herzen Haß gegen den Feind getragen. Nein, sagt der Christ hiegegen: die wahre Liebe Gottes muß durch die selbstverleugnende Liebe auch des Feindes sich bewähren; gerade diese hingebende Liebe ist das Insigel der wahren Religion gegenüber der Heuchler-Religion des Hassens und Mordens. Kurz, die neuentdeckte Schrift ist von Anfang an bis zum Ende eine Christenlehre der

Barkocheba-Zeit, von dieser letzten und furcht=
barsten Verfolgung eingegeben, welche das gegen das
Kreuz eifernde Volk schließlich dagegen beim Auffassen
seiner letzten Kräfte erhoben hat.

Der Verfasser hat freilich in der Sprache und den
Farben seiner Vorgänger die letzte Noth und seine
Hoffnung des nahenden Sieges des wahren Messias
ausgesprochen, aber vierfach so ganz neu und eigen, daß
daran kein Zweifel sein kann: er hat den in der vollen
Höhe seiner Macht stehenden Falsch=Messias und die
daraus erwachsende Versuchung vor Auge. Es ist also
das Büchlein zwischen den Jahren 133 und Anfang 135
zu suchen, mit einem kurzen Ausdruck ca. 134 u. Z.;
nicht früher noch später.

Dem entspricht auch das am offensten vorliegende
literarische Verhalten des Verfassers. Denn einerseits
gehört diejenige urchristliche Schrift, welche er am aus=
giebigsten in seiner sinnigen Weise zur Ausführung seines
ersten Lehrtheiles benutzte, die nach Barnabas genannte
Epistel, in den Anfang des Adrian, da sie (Cap. 16)
darauf hinblickt, daß „die Arbeitsleute der (römischen)
Feinde" (Judäas) den Neubau des Tempels Jerusalems
mit den Juden unternahmen, worin schon „Barnabas"
dasjenige Ende voraussah, welches dann den Eiferer
aus Cosiba zu seinem Aufruhr getrieben hat. Damit
aber ist jener Brief auf das Jahr 119 u. Z. fixirt.
Andererseits fehlt unserem altchristlichen Lehrer noch jede
Ahnung von einem so tief und weitreichenden Riß

in der Kirche, wie er durch den gnostischen Puritaner Marcion eingetreten ist. Dieser aber hat erst drei Jahre nach Barcocheba's Sturz, 138 u. З., seine „Reinigung" der Kirche von all dem jüdischen Wesen angehoben, das nun vollends widerchristlich erschienen, und von Gott verurtheilt war.*) Die Vormitte des 2. Jahrhunderts, speziell die letzte Zeit Adrians ist auch damit für das Büchlein indizirt.

Der Blick aber auf das Barkocheba-Reich, der sich chronologisch durch Alles aufdrängt, er richtet sich un willkürlich auch geographisch in die Nähe desselben, nämlich auf das Ost-Jordanland, wo schon in dem ersten jüdischen Aufruhrkrieg gegen Rom altgetreue Christen dem Friedensgeiste des Herrn entsprechend eine Zufluchtsstätte fanden. Und sollte die damals besonders namhaft gewordene Gegend von Pella in Peräa speziell noch durch weitere Untersuchung über die eigne Art Evangelientext, den der Verf. neben unserm Matthäus benutzte, sich empfehlen, dann würden wir wohl selbst dem Namen des Mannes nahe genug kommen, der nach urchristlicher Sitte die eigne Person zurücktreten ließ, um seine Mahnung und Lehre im Namen der ältesten Apostel der Christenheit darzubieten.

Jedenfalls hat das Büchlein durch seine sinnreiche

---

*) Vergl. darüber des Herausgebers frühere Schrift „Die Religion Jesu in ihrer ersten Entwicklung" (Leipzig 1857) S. 400 f.

und verständige Haltung in der ersten Zeit so anziehend
gewirkt, daß es selbst in der altkatholischen Sammlung
urchristlicher Schriften Neuen Testaments, theilweis
wenigstens, eine Stelle erhalten hat. Denn ein Clemens
von Alexandrien hat, um 190—200 u. Z. lebend, den
einen Spruch dieser Apostellehre „die Lüge wegleitet
zum Diebstahl" als „eine Schrift", als h. Schrift citirt;
und noch zu Eusebius' Zeit unter Constantin (Kirchen=
geschichte III. 25, 4) hat sie im heiligen Verband mancher
Biblien gestanden, um von weitern Schriftenverzeich=
nissen zu schweigen. Aber systematisch ist das Büchlein
von der Bischofs-Kirche, die sich von ca. 160 an immer
allgemeiner und gewaltiger gestaltete, unterdrückt wor=
den. Natürlich, ein Volksbuch, in welchem die Kirch=
gemeinde=Versammlung nicht blos noch völlig souverän
über Alles entscheidet, was zur Kirche gehört, sondern
das dabei auch ruhigst die Gemeinde auffordert: „Mit
Handmehr wählet euch Episcope, und — setzet sie nicht
allzutief den Predigern des Wortes und den Lehrern
nach!" — das konnte ja von den monarchischen Epi=
scopen des dritten Jahrhunderts nimmermehr ertragen
werden, nachdem sie alle kirchliche Beamtung sich an=
geeignet oder untergeordnet hatten. Die neue Zeit mit
ihrer Zerklüftung durch die gnostische Separation und
durch die schwarmgeistige Bewegung des Montanismus,
wie die mit dem Wachsthum der Kirche sich immer
mehr steigernde Feindseligkeit der Cäsaren hatte zu einer
solchen Umwandlung der frühern Verfassung getrieben.

Um so unbefangener können wir den endlich wieder an's Licht gekommenen Schriftzeugen urchristlichen Lebens, der mindestens fortan zur sachlichen Ergänzung unserer neutestamentlichen Schriften geradezu unentbehrlich ist, in seinem vollen Werthe würdigen. Mag er zu herzlicher Erbauung und zu ernstlicher Erwägung für Alle dienen, immerhin nach dem gold'nen Worte: „Prüfet Alles und das Gute behaltet!" Einer aber ist der Grund und der Herr für alle Zeit!

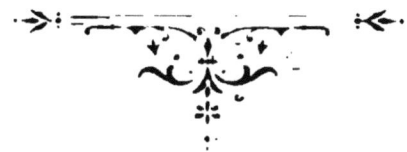